Orando a Dios fervientemente por mi matrimonio

Devocional para Matrimonios

Marcelino Blanco

Quien soy

Hola mi nombre es Marcelino Blanco y ayudo a personas que creen en Dios a restaurarlos y fortalecerlos para que tengan una vida próspera en todas las áreas de su vida.

Que es devocionales 21 días

Devocionales 21 días es una propuesta para ayudar a las personas a reforzar o restaurar su relación personal con Dios. Incluyendo a Dios en su vida diaria a través de devocionales de estudio, de reflexión y revelación de su palabra.

504 horas es el tiempo que se necesita para activar el cerebro y pasar a la acción, según la Teoría del doctor William James cuyo estudio se basa en que si una conducta se repite durante 21 días se acaba convirtiendo en un hábito. Nuestros devocionales abarcan un tema y mantiene un enfoque continuo durante tres semanas para alcanzar una rutina estable y así acabar incorporándola en el espíritu y permitir que transforme la vida del creyente.

Introducción

¿Sientes la necesidad de orar más fervientemente por tu matrimonio, pero no estás seguro de por dónde empezar? A menudo no oramos como si creyéramos que Dios aparecerá y hará algo grande, pero la oración funciona, y Dios anhela que estés en oración con él. ¡Especialmente desea que ores por tu matrimonio y por la única persona con la que te has comprometido a pasar tu vida! Así es como funciona el desafío. Todos los días durante los próximos 21 días orarás de una manera específica por ti y tu cónyuge. Invítale a tu cónyuge a unirse en este desafío, pero incluso si él o ella no lo hace, ¡no dudes en orar por tu cuenta!

Todos los días tendrán al menos un versículo para que estudien y oren por su esposo o esposa.

Usted puede comenzar este desafío de oración cualquier día del mes ...

Dios ocupa el primer lugar

"Ama al Señor tu Dios con todo tu corazón, con todo tu ser, con todas tus fuerzas y con toda tu mente", y: "Ama a tu prójimo como a ti mismo".

Lucas 10:20 NVI

Dios nos exhorta a amarlo por sobre todas las cosas, esto lo anima a usted a orar para que su cónyuge ponga su relación con Dios por encima de todas las demás relaciones, incluida la suya propia. Ore para que cónyuge tenga un ardiente deseo de conocer al Señor más de cerca y entregar toda su vida a él. Ore profundamente por su relación con Dios – para que usted no sea el depositario de las expectativas de su cónyuge en área donde sólo Dios puede llenar.

Oración

Padre Santo pongo la vida de mi conyugue en tu presencia para que tu seas su prioridad y su todo.

Mucho fruto en Cristo Jesús

Mi Padre es glorificado cuando ustedes dan mucho fruto y muestran así que son mis discípulos.

Juan 15:8 NVI

Ore por el crecimiento espiritual de tu matrimonio. Ore para que su cónyuge esté profundamente arraigado en la Palabra, para que dé mucho fruto para el reino de Dios. Ore para su cónyuge para que se convierta en un líder en su iglesia, familia y comunidad, y lleve a otras personas a una relación más fuerte con Cristo con su ejemplo. Ore por su propio caminar espiritual, para que estén arraigados en Cristo, fortalecidos en la fe y desbordados de gratitud.

Oración

Padre Santo pido tu bendición para hacer crecer tu palabra en mí y en mi cónyuge y así pueda llevar mucho fruto.

Corriendo la carrera de la fe

También nosotros, que estamos rodeados de una multitud tan grande de testigos, despojémonos del lastre que nos estorba, en especial del pecado que nos asedia, y corramos con perseverancia la carrera que tenemos por delante.

Hebreos 12:1

Así como otros hermanos y hermanas están corriendo la carrera de la fe, ore por el fervor a las disciplinas espirituales. Ore por el estudio constante de las Escrituras, la memorización de la Palabra y otras disciplinas espirituales como la oración, el diezmo, el ayuno, etc. Ore para que usted y su cónyuge no se desanimen en la búsqueda de Dios, sino que corran la carrera de la fe con resistencia toda su vida.

Oración

Señor ayuda a mi cónyuge y a mí a continuar perseverando en las actividades que edifican nuestra fe.

La obra de nuestras manos

Que el favor del Señor nuestro Dios esté sobre nosotros. Confirma en nosotros la obra de nuestras manos; sí, confirma la obra de nuestras manos.

Salmos 90:17 NVI

Ore para que Dios bendiga la obra de sus manos, las obras conjuntas en matrimonio, para que disfruten de su obra y vean a Dios glorificado en las muchas facetas de sus trabajos, llamamientos y actividades. Oren contra hacer un ídolo o identidad fuera del trabajo. Cuando usted trabaja o el trabajo de su cónyuge es difícil, ore por la resistencia y la perspectiva.

Oración

En este día te doy gracias por mi trabajo y el de mi conyugue y danos fuerzas para seguir perseverando

Día 5

Comunión entre creyentes

Pero, si vivimos en la luz, así como él está en la luz, tenemos comunión unos con otros, y la sangre de su Hijo Jesucristo nos limpia de todo pecado.

1 Juan 1:7

Ore a Dios que hará crecer su comunión con otros creyentes. Ore para que Dios traiga a la comunidad piadosa a sus vidas, hombres y mujeres que los lleven a ambos más cerca de Dios y no alejados de él. Ore por la paz de su parte mientras su cónyuge pasa tiempo con amigos, incluso si eso significa a veces significa sacrificar tiempo con usted.

Oración

Señor somos una nube de creyentes que te alabamos y glorificamos, bendice a aquellos que se acercan a mí y a mi cónyuge.

Humildes y solidarios

"siempre humildes y amables, pacientes, tolerantes unos con otros en amor".

Efesios 4:2

Oren por humildad. Oren para que humildemente admitan cuando sus deseos se hayan convertido en expectativas de que están sosteniendo injustamente a su cónyuge. Arrepentíos de estas expectativas poco realistas y oren para que Dios les dé un corazón menos centrado en sí mismo y más centrado en servir a Dios y a su cónyuge. Ore para que su cónyuge también deje ir el pensamiento egocéntrico.

Oración

Padre santo ayúdame a tener a tener unas expectativas realistas de mi matrimonio y de mi cónyuge.

Padres unidos y buen ejemplo

Instruye al niño en el camino correcto, y aun en su vejez no lo abandonará.

Proverbios 22:6

Oren juntos por su papel como padres, para que haya unidad para lidiar con decisiones y situaciones difíciles. Ora para que cuando tengas opiniones diferentes, Dios te ayude a llegar a un consenso. Si no tienen hijos, oren por su influencia en la vida de los hombres y mujeres más jóvenes de su iglesia y comunidad.

Oración

Padre eterno que hay unidad en nuestra función de padres y seamos una buena influencia en los más jóvenes.

Dar amor a su cónyuge

La casa y el dinero se heredan de los padres, pero la esposa inteligente es un don del Señor.
Proverbios 19:14

Ora por el romance. Ora para que tu cónyuge descubra como recibir amor y procura activamente demostrar su amor de estas formas. Ore para que puedan hacer lo mismo por su cónyuge. Ore para que Dios llene su corazón de amor y no tenga expectativas desmedidas de su cónyuge.

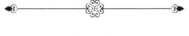

Oración

Señor ayúdame a descubrir las formas de darnos amor con mi cónyuge y llena los espacios que solo tú puedes llenar.

Dando buen testimonio

Más bien, honren en su corazón a Cristo como Señor. Estén siempre preparados para responder a todo el que les pida razón de la esperanza que hay en ustedes.

1 Pedro 3:15

Oren por su testimonio cristiano como pareja. Oren para que sean audaces en la evangelización, para que juntos tengan valor para hablar con los vecinos, los miembros de la comunidad y los compañeros de trabajo acerca de su fe. Ore para que su familia sea un reflejo del Evangelio, para que sus interacciones con los demás sean llenas de gracia y amorosas.

Oración

Señor dame la capacidad a mí y mi cónyuge de dar buen testimonio a quienes podamos ayudar.

Nuestra debilidad no avergüenza

Pero él me dijo: «Te basta con mi gracia, pues mi poder se perfecciona en la debilidad». Por lo tanto, gustosamente haré más bien alarde de mis debilidades, para que permanezca sobre mí el poder de Cristo.

1 Corintios 12:9

Ora por tus debilidades. Pídale al Señor que les dé claridad a ambos para ver dónde necesitan confiar más en El. Ore por su cónyuge que no se avergüence de sus debilidades, sino que las vea como una oportunidad para acercarse más a Dios. Ore para que Dios les dé sabiduría para poder exponer sus debilidades con humildad, gracia y verdad, y para que sus propias debilidades salgan a la luz sin temor.

Oración

Señor pongo en tu presencia mi debilidad y la debilidad de mi cónyuge, confío en ti Señor que vas a suplir cualquier necesidad.

Nuestras fortalezas al servicio de Dios

Cada uno ponga al servicio de los demás el don que haya recibido, administrando fielmente la gracia de Dios en sus diversas formas.

1 Pedro 4:10

Ora por tus fortalezas. Oren ambos para no vanagloriarse de las áreas de fortaleza, sino que bendigan a los demás al administrar fielmente sus dones y talentos. Si su esposo o esposa no sabe cuáles son sus fortalezas, ore para que obtengan claridad y traten de alentarlos en esas fortalezas.

Oración

Señor ayúdame a ver mis fortalezas y de mi cónyuge para poner a tu servicio y al servicio de mi prójimo

Día 12

Rápidos para perdonar, rápido para sanar

Porque, si perdonan a otros sus ofensas, también los perdonará a ustedes su Padre celestial. Pero, si no perdonan a otros sus ofensas, tampoco su Padre les perdonará a ustedes las suyas.

Mateo 6:14-15

Ora para que puedas ser rápido para perdonar las heridas y faltas que otros puedan causarte. Oren para sanar la amargura rápidamente. Ore para que su cónyuge entienda las maneras en que él o ella lo ha lastimado en el pasado, tal vez repetidamente. Ore por su cónyuge que se arrepienta de sus acciones y aprenda de sus errores. Ore por el amor de Dios para llenar tu corazón y darte la gracia que necesitas para avanzar en una dirección positiva.

Oración

Señor sana mis heridas y mi corazón, perdono las faltas que hayan cometido contra mí las dejo en tus manos

No lastime a su cónyuge

**Por tanto, para que sean borrados sus pecados,
arrepiéntanse y vuélvanse a Dios, a fin de que
vengan tiempos de descanso de parte del Señor,**

Hechos 3:19

Ore para que su cónyuge sea rápido para perdonarle. Reza para que él o ella sane rápidamente la amargura. Ore para que entienda cómo lo ha lastimado en el pasado, tal vez una y otra vez. Ore una oración de arrepentimiento a Dios sobre las áreas que has lastimado a tu cónyuge. Pida el perdón de su cónyuge.

Oración

Señor me arrepiento del daño y herida que he
provocado en mi cónyuge, Señor ablande su
corazón para que me perdone cuando le pida
perdón.

Orando para terminar con los desacuerdos

Por eso yo, que estoy preso por la causa del Señor, les ruego que vivan de una manera digna del llamamiento que han recibido, siempre humildes y amables, pacientes, tolerantes unos con otros en amor. Esfuércense por mantener la unidad del Espíritu mediante el vínculo de la paz.

Efesios 4:1-4

Ore por cualquier área de desacuerdo que estén enfrentando como matrimonio. Pídale a Dios unidad y claridad para seguir adelante. Ore para que puedas manejar conversaciones sobre cosas en las que no estás de acuerdo sin discutir mezquinamente. Ore una oración de arrepentimiento por cualquier respuesta pecaminosa que hayas tenido hacia tu cónyuge, y luego ve con tu cónyuge y pide perdón.

Oración

Señor pido unidad y claridad para seguir adelante
con mi cónyuge.

Día 15

Ilumina Dios nuestro camino

Esta luz resplandece en las tinieblas, y las tinieblas no han podido extinguirla.

Juan 1:5

Ora por cualquier gran decisión que tengas por delante. Ya sea un nuevo trabajo, mudarse, tomar decisiones de crianza o tener responsabilidades de cuidado, cualquier decisión que tenga en el futuro, póngalas a los pies de Dios. Pídale a Dios que revele cualquier luz roja o razones por las que no debes seguir adelante. Oren por la unidad y paz acerca de su decisión como pareja.

Oración

Señor revélame la decisión correcta ante este nuevo desafío que tenemos como matrimonio por delante.

Orando por nuestros líderes

Hay amigos que llevan a la ruina, y hay amigos más fieles que un hermano.

Proverbios 18:24

Ora por los que están en liderazgo en tu vida. Ora por los jefes de tu cónyuge, sus mentores y los líderes de estudio bíblico. Oren por las personas que su cónyuge admira y admiran juntos. Ore a esos líderes que muestren constantemente a su cónyuge el Evangelio. Si alguna de estas personas no refleja el amor de Cristo, ore para que su cónyuge no se sienta tentado a imitarlos y encuentre a otras personas piadosas a las que mirar. Oren por los líderes de su vida.

Oración

Señor oro por los líderes que edifican mi vida y la vida de mi cónyuge.

Orando por nuestra salud

Así que mi Dios les proveerá de todo lo que necesiten, conforme a las gloriosas riquezas que tiene en Cristo Jesús.

Filipenses 4:19

Ora por cualquier cita médica próxima. Ora por cualquier problema crónico, que Dios otorgue sanación o resistencia continua para los problemas de salud que usted o su cónyuge enfrenten. Ore a su cónyuge abandone cualquier hábito que empeore su salud. Ore por sus médicos – para que tengan sabiduría y bondad hacia ambos durante las citas.

Oración

Señor Padre Santo oro mi salud y la mi cónyuge y por médicos que nos tratan.

Orando por los sentimientos

No se inquieten por nada; más bien, en toda ocasión, con oración y ruego, presenten sus peticiones a Dios y denle gracias. Y la paz de Dios, que sobrepasa todo entendimiento, cuidará sus corazones y sus pensamientos en Cristo Jesús.

Filipenses 4:6-7

Ora por la salud emocional de tu matrimonio. Ora porque ambos puedan reconocer sentimientos, tanto buenos como malos. Si hay algún dolor emocional en la vida de su cónyuge, ore a Dios que ate esas heridas y que su cónyuge encuentre la ayuda que necesita para trabajar a través de ellas. Ore por la sensibilidad a los sentimientos y la guía de su cónyuge para hablar con él o ella acerca de los problemas emocionales.

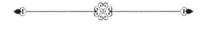

Oración

Señor oro por mi emociones y sentimientos
ayúdame a ser sensibles a ellos y los sentimientos
de mi cónyuge.

Día 19

Regocijándonos en la intimidad

¡Bendita sea tu fuente! ¡Goza con la esposa de tu juventud! Es una gacela amorosa, es una cervatilla encantadora. ¡Que sus pechos te satisfagan siempre! ¡Que su amor te cautive todo el tiempo!

Proverbios 5:18-19

Ora por tu vida sexual. Oren para que ambos se busquen amorosamente de una manera íntima. Si el sexo es una lucha, pídele a Dios que os dé a ambos una paciencia humilde y bondadosa con y para los demás. Pida valor a Dios para hablar acerca de cualquier pensamiento y experiencia incómodo, vergonzoso o doloroso que le impida ser completamente íntimo con su esposo o esposa.

Oración

Señor ayúdame a regocijarme en la intimidad con mi cónyuge.

Fortalecidos ante las pruebas

El amor es paciente, es bondadoso. El amor no es envidioso ni jactancioso ni orgulloso. No se comporta con rudeza, no es egoísta, no se enoja fácilmente, no guarda rencor. El amor no se deleita en la maldad, sino que se regocija con la verdad. Todo lo disculpa, todo lo cree, todo lo espera, todo lo soporta.

1 Corintios 13:4-7

Ore a Dios que fortalezca su matrimonio para el futuro. Ore que sean más unidos a través de cualquier prueba que enfrenten. Ore para que el fruto del Espíritu prevalezca durante las dificultades. Tómese un tiempo para orar por cada elemento del fruto del Espíritu: paz, amor, gozo, fidelidad, paciencia, bondad, bondad, dulzura y autocontrol— ore por abundancia en estas áreas y para que el Señor los fortalezca a ambos en áreas de debilidad.

Oración

Señor gracias por mi matrimonio y te pido que las pruebas nos fortalezcan y nos una cada vez más.

Gracias Dios

**No han leído —replicó Jesús— que en el
principio el Creador "los hizo hombre y mujer",
y dijo: "Por eso dejará el hombre a su padre y
a su madre, y se unirá a su esposa, ¿y los dos
llegarán a ser un solo cuerpo"? Así que ya no
son dos, sino uno solo. Por tanto, lo que Dios ha
unido, que no lo separe el hombre.**

Mateo 19:4-6

Ore para que puedan unirse con su cónyuge para difundir fielmente el Evangelio. Tómate un momento para agradecer a Dios por tu matrimonio. Rememoren y den gracias por las bendiciones que Dios les ha dado a ambos. Rememore y Alaben por cualquier prueba que Dios los haya visto fielmente a ambos. Pídale a Dios que los ayude a ambos a ver cómo podrían compartir el Evangelio con sus hijos, sus vecinos, sus compañeros de trabajo, su comunidad y el mundo en general. Pide corazones que anhelan compartir la buena nueva de Cristo por nuestros pecados y la esperanza de resurrección que ahora tienen como matrimonio.

Oración

Señor gracias por todo lo que me has dado por todo
lo que has ayudado a atravesar y por el cónyuge
que has elegido para mí, te alabo Señor mi Salvado
Cristo Jesús, Amen ¡

Felicidades

¡acabas de pasar

21dias orando fielmente por tu

matrimonio!

Que el Señor

los bendiga grandemente

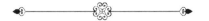

Made in the USA
Coppell, TX
26 September 2023